BUCQUOY,

Redemandant ses biens de Maladrerie,

A

L'HOPITAL ST-JEAN, D'ARRAS,

QUI EN EST LE DÉTENTEUR ACTUEL.

Les biens d'autrui, tu ne prendras,
ni retiendras sciemment.

7me Com.

ARRAS,

IMPRIMERIE DE JEAN DEGEORGE,

RUE DU BLOC, N°. 38.

—

MARS 1838.

A l'honnète indigent, chacun doit assistance
Ou qu'il soit chrétien, ou bien mahométan;
Ils ont les mêmes droits, à notre bienveillance :
Choisissons seulement, des deux le plus souffrant.
Imitons en cela, ces humbles parias,
Ils ne demandent pas (eux) qu'elle est votre croyance
Vous êtes malheureux, ils vous tendent les bras,
Ils vous offrent leur toît, et toute leur puissance.

Bucquoy, le 26 Mars 1858.

LE MAIRE DE BUCQUOY,

A Monsieur NAU DE CHAMPLOUIS, Conseiller-d'Etat, Préfet du Pas-de-Calais, en son hôtel, à Arras.

MONSIEUR,

Connaissant vos sentiments philanthropiques et enhardi par la promesse que vous avez bien voulu nous faire de vous occuper activement du sujet de notre réclamation, je prends la liberté en la rappelant à votre souvenir de vous marquer ma surprise de ce que vous en ayant retourné le dossier depuis quelque temps avec notre réplique accompagnée de toutes pièces probantes, nous en sommes encore à en recevoir des nouvelles.

Qu'il me soit permis, Monsieur, de vous faire remarquer que notre réclamation date de 18 à 20 mois et que celle de nos devanciers, qui a été renouvelée bien souvent depuis, date de 140 années !!!

Ah ! Monsieur le préfet, puissiez vous être enfin appelé à réparer cette longue et trop criante injustice !

Nos pauvres ont les yeux et la pensée tournés vers vous aujourd'hui. Ayez pitié de leur longue souffrance! ils viennent de subir les rigueurs d'un hiver meurtrier. Que de peines n'eussent-ils pas eu de moins a supporter s'ils avaient eu la possession des biens de leur maladrerie ! Ces malheureux, pour les consoler, nous les engageons à prendre patience, nous leur disons que nous avons l'espoir d'une réintégration prochaine, que vous êtes un magistrat intégre et équitable, et que bonne justice ne tardera pas à leur être rendue.

Puissent nos avances se trouver bientôt justifiées. Ils vous béniront, nos pauvres ; et nous, nous préconiserons votre loyauté.

Dans cette attente, je suis avec le respect le plus vrai,

MONSIEUR LE PRÉFET,

Votre très humble et obéissant serviteur,

LEFRAN.

Pétition présentée le 4 novembre 1836.

LES MEMBRES COMPOSANT LE BUREAU DE CHARITÉ ET DE BIENFAISANCE *du bourg de Bucquoy, soussignés,*

A Monsieur NAU DE CHAMPLOUIS, *Conseiller-d'Etat, préfet du Pas-de-Calais, à Arras.*

MONSIEUR,

Nous avons dans nos archives des preuves irréfragables, que long-temps avant 1692, nos pauvres possédaient un bien de maladrerie consistant en 25 hectares, 45 ares, 60 centiares (ou 60 mencaudées), de terres labourables, sises sur le terroir de Bucquoy, et d'un capital de 6,000 fr.

Par un arrêt du 20 juin 1698, il plut au roi Louis XIV d'en disposer en faveur de l'hôpital St-Jean, d'Arras, auquel il fut réuni, à la condition que nos pauvres y seraient reçus dans la proportion des revenus desdits biens.

Frappée de cette accablante décision, la commission d'alors resta dans un silence respectueux jusqu'en 1700; mais, voyant l'impossibilité où se trouvaient les pauvres de Bucquoy de pouvoir jouir d'aucun des avantages accordés par l'ordonnance de réunion, à cause des quatre grandes lieues qui séparent Bucquoy d'Arras, elle avait pris la résolution de se pourvoir en cour.

» Informés de ce dessein, Messieurs les sur-intendants de l'hôpital St-Jean, *firent savoir et entendre à ceux qui étaient lors curé et gens de loix dudit Bucquoy que s'ils voulaient s'adresser à eux ils leur feraient une bonne composition;* » on acquiesça et voici ce qui en résulta.

Messieurs les sur-intendants, dans leur assemblée du 12 juin 1700, convinrent qu'il serait tiré des revenus des fonds réunis une somme de six mille francs pour former le capital au denier 20 de celle de 500 francs applicable annuellement au lieu et place de tous les revenus des biens de la maladrerie de Bucquoy. Quel partage ! Néanmoins tel qu'il fut on l'accepta : mais en vérité, Monsieur, ne croit-on pas voir le lion rapace, faisant la part d'un timide et tremblant agneau ; par le traité sus-mentionné il fut convenu que ces 500 francs seraient annuellement touchés *par le curé et remis aux administrateurs du lieu pour être distribués à domicile aux pauvres malades.* Mais ce fut seulement en 1706 que cette convention commença à avoir exécution parce que ce fut alors, et seulement alors, que lesdits 6,000 fr. furent placés en constitution de rente sur l'hôtel-de-ville de Paris.

Depuis 1706 jusqu'à 1720 les 500 fr. furent payés assez régulièrement, c'est-à-dire, que cette somme fut servie pendant treize ans, après quoi on ne paya plus.

M. le préfet, nous croyons inutile, pour le moment, d'entrer dans un plus grand détail, nous attendons nos adversaires à la réplique.

Par un arrêt du conseil de 1698, les biens de la maladrerie de Miraumont furent aussi réunis à ceux de l'hospice d'Albert ; les pauvres de Miraumont, comme les nôtres, à cause de l'éloignement des deux localités, ne se rendaient pas non plus dans cette dernière ville : fatigués de demander des secours qui leur furent toujours refusés, les habitants prirent enfin le parti de pétitionner, et leur réclamation eut pour résultat une ordonnance royale qui les réintègre dans les biens de leur maladrerie et qui leur accorde une somme d'une dixaine de mille francs pour les aider à relever leur établissement hospitalier.

M. le Préfet, notre spoliation s'opéra sous le même règne et à la même époque ; et Louis-Philippe, Roi des Français, ne pouvant avoir deux poids et deux mesures, notre affaire se trouvant en tout parfaitement la même, nous demandons qu'une même part de justice nous soit faite. Veuillez être notre intercesseur auprès de Sa Majesté ; il est hors de doute qu'un arrêt réparateur sortira incontinent de sa bouche auguste.

Nous sommes, en attendant, avec tous les égards et considération dûs au haut rang que vous occupez.

Vos très humbles et obéissans Serviteurs.

(Suivent les signatures.)

A Arras, le 19 octobre 1857.

LES ADMINISTRATEURS DES HOSPICES CIVILS D'ARRAS,

A Monsieur le Préfet du Pas-de-Calais, à Arras.

MONSIEUR LE PRÉFET,

Nous avons reçu, le 24 juin dernier, par les soins de M. le maire d'Arras, communication de la demande qui vous a été faite le 4 novembre 1856, par les membres du bureau de bienfaisance de Bucquoy, tendante à rentrer dans la possession des biens de maladrerie consistant en 25 hectares, 43 ares, 60 centiares (60 mesures), de terres labourables sises sur le terroir de Bucquoy, réunis aux hôpitaux d'Arras par un arrêt du 20 janvier 1698.

La demande du bureau de bienfaisance de Bucquoy n'a été conçue qu'à cause de la décision prise tout récemment par le gouvernement en faveur de la commune de Miraumont contre l'hôpital d'Albert, détenteur de 115 journaux de terre provenant originairement d'une fondation faite en faveur des pauvres de Miraumont. Nous avons dû, tout en recherchant les titres qui pouvaient nous donner le droit de repousser les prétentions du bureau de bienfaisance de Bucquoy, nous enquérir de l'affaire de Miraumont. Nous pouvons avouer qu'il n'y a aucune similitude entre les deux affaires. Nous revenons à celle qui nous intéresse. Par un édit de décembre 1692 du roi Louis XIV les biens de différents ordres, des hôpitaux, maladreries, et léproseries, quelle que soit la nature de leur fondation, ont été unis aux ordres de Notre-Dame-du-Mont-Carmel et de St-Lazare de Jérusalem afin d'en composer des commanderies « qui pussent servir de récompenses honorables et utiles pour toute la noblesse du royaume et les officiers et soldats des armées. Cet édit contient le motif que le roi pouvait disposer des biens » de ces maladreries « la majeure partie d'iceux étant donnés par le roi Louis VII, St-Louis et leurs successeurs » par un autre édit de mars 1693 ses biens unis aux ordres de Notre-Dame-du-Mont-Carmel et de St-Lazare de Jérusalem, furent désunis pour être restitués aux anciens ordres et hôpitaux suivant l'esprit et l'intention des fondateurs.

Mais à l'égard des maladreries et léproseries, « la maladie de la
» lèpre, au soulagement de laquelle elles ont été destinées étant
» presqu'entièrement cessée dans le royaume, » Louis XIV pensa
» qu'il était de son devoir non seulement comme roi, mais encore
» comme fondateur de la plus grande partie de ces établissements
» d'en faire et procurer l'application et conversion à quelqu'autre
» usage également utile pour l'état et pour le public » et il se réserva
» la faculté d'en faire et procurer l'union à quelqu'autre établis-
» sement. »

Toutefois ce même édit autorisait les fondateurs de ces établissements ou leurs successeurs à revendiquer leurs droits en représentant
dans un délai de 2 mois (prorogé à 4 mois), les titres de ces fondations « pour être lesdits fondateurs et successeurs remis en possession et jouissance d'iceux. »

Aucuns fondateurs de la maladrerie de Bucquoy ni leurs successeurs ne s'étant fait connaître, ces mêmes biens furent unis à ceux
de l'hôpital St-Jean-en-Lestrée d'Arras, par un arrêt du 20 juin 1698,
à la charge d'y recevoir et traiter les pauvres malades dudit Bucquoy.

Tel était, Monsieur le préfet, en 1698, l'origine de la légitime
possession des biens de la maladrerie de Bucquoy par l'hôpital
d'Arras, lorsque deux ans après, une requête fut présentée à Monseigneur l'évêque, par les pasteurs et principaux habitants dudit
Bucquoy; elle avait pour objet de faire réunir à l'hôpital de Ba-
paume, préférablement à celui d'Arras, les biens situés à Bucquoy
afin que les pauvres malades fussent plus facilement transportés en
la première ville, la distance de Bucquoy n'étant que de deux lieues
au lieu de quatre qui séparent Bucquoy d'Arras.

MM. les sur-intendants de l'hôpital St-Jean-en-Lestrée, pour con-
cilier tous les intérêts, décidèrent qu'un capital de 6,000 francs
serait fait par ledit hôpital, pour produire au profit de Bucquoy
une rente de 300 fr., au moyen de laquelle cette commune subs-
tanterait elle-même ses malades. Cette résolution fut adoptée dans
les termes suivants par les représentants de la commune de Bucquoy :

« Vu par nous, pasteur et principaux habitans de la paroisse de

» Bucquoy, le consentement ci-dessus, nous déclarons que nous
» l'acceptons dans tout son contenu pour être exécuté selon sa
» forme et teneur et demeurer ferme et stable à toujours l'union
» faite audit hôpital de St-Jean, d'Arras, sans par nous, nos suc-
» cesseurs, manans, habitants et paroissiens, pouvoir y contreve-
» nir pour quelque cause et sous tels prétextes que ce soit, à quoi
» nous avons renoncé et renonçons, supplions monseigneur l'évê-
» que d'Arras d'y interposer son autorité, d'en faire tout ce qu'il
» appartiendra à cet égard. Fait à Bucquoy, le 19 juillet 1700. (Sui-
» vent les signatures.) »

Le capital de 6,000 fr. a été fait par l'hôpital d'Arras et deux
rentes ont été créées au profit du bureau de charité de Bucquoy sur
l'hôtel-de-ville de Paris. Il paraît que ces deux rentes n'ont été ser-
vies que pendant un certain nombre d'années. Nous ne pensons pas
que le bureau de bienfaisance de Bucquoy en ait reçu un dédom-
magement; il est certain que le capital n'a point été recouvré par
l'hôpital d'Arras.

Il résulte de ce qui vient d'être exposé, que les biens de la maladrerie de Bucquoy n'ont jamais été l'objet de fondations pri-
vées et translatives de propriété au profit de Bucquoy; qu'ils
étaient dans le domaine du souverain qui a pu en disposer à son
gré comme il l'a fait en 1698, en les unissant à ceux de l'hôpital
d'Arras, en conséquence la commune de Bucquoy n'a aucun droit
de revendication à l'égard de ces mêmes biens.

Cette commune a d'ailleurs exécuté formellement l'arrêt du 20
juin 1698, en acceptant définitivement et à toujours, le 17 juillet
1700, une rente de 300 francs pour subvenir elle-même aux besoins
de ses pauvres et laisser exempte de toutes autres charges la propriété des biens de la maladrerie à l'hôpital d'Arras.

La rente n'a cessé d'être servie que par des causes indépendantes
de l'hôpital d'Arras, qui n'est point rentré en possession du capital
de 6,000 fr. fait originairement pour la caution de cette rente.

Les biens de la maladrerie de Bucquoy n'ont pas cessé d'être con-
sidérés, par l'état, comme une propriété ancienne et irrévocable des

hospices d'Arras, puisqu'en 1809, lorsque l'état s'est occupé de re-
constituer leur ancienne dotation en leur donnant des biens doma-
niaux en remplacement de ceux aliénés pendant la révolution de
1793, l'état a considéré comme faisant partie de cette ancienne dotation, les biens des maladreries de Bucquoy et d'autres localités.

Il est encore remarquable que la commune de Bucquoy n'a cessé
d'envoyer ses pauvres et ses malades à l'hôpital d'Arras, qu'ils y
ont toujours été admis et secourus, bien que par le fait cet hôpital
eut été affranchi de toutes charges, l'extinction de la rente n'étant
vraisemblablement que le résultat d'une force majeure.

Il est d'autant plus étonnant que le bureau de bienfaisance de
Bucquoy vienne se plaindre de manquer de secours pour ses malades, lorsqu'un chemin de grande communication nouvellement éta-
bli, vient encore augmenter la facilité de les transporter à l'hôpital
d'Arras.

Nous avons avancé que nous ne voyons aucune similitude entre
l'affaire de Miraumont et les prétentions du bureau de bienfaisance
de Bucquoy, nous allons le prouver.

Les 115 journaux que possédait la commune de Miraumont avant
la réunion à l'hôpital d'Albert, avaient été donnés à la première commune par de pieux fondateurs pour y établir un hôpital. Ces biens,
objets d'une fondation particulière étaient devenus une propriété de
la commune de Miraumont qui pouvait les revendiquer et faire
cesser l'union aux biens de l'hôpital d'Albert en prouvant que les
causes qui y avaient donné lieu avaient cessé d'exister.

La commune de Bucquoy ne prouvant aucunement que les biens
qu'elle réclame lui aient été acquis par l'effet d'une fondation pri-
vée, n'a ni droit ni qualité pour prétendre qu'ils lui soient appli-
qués exclusivement et détachés du domaine d'un hospice qui a en
sa faveur une possession de 140 années.

Nous ajouterons que la réunion des biens de Miraumont à ceux de
l'hôpital d'Albert n'a eu lieu que par le seul motif que chacun de
ces deux hôpitaux n'était pas assez doté pour se suffire à lui-même;
en effet, les ressources de ces deux localités ne leur permettaient

que la création de deux lits pour Albert et deux pour Miraumont, leurs revenus étant alors à peu près égaux. Si l'hôpital d'Albert contient aujourd'hui douze lits, il n'a pu arriver à cet état prospère qu'en profitant des revenus des biens de Miraumont, qui a eu rarement recours aux deux lits auxquels cette commune avait droit et qui prend aujourd'hui l'engagement d'établir un hôpital particulier pour ses malades, conformément à l'intention du fondateur.

D'après ces considérations, le gouvernement a pu se prononcer en faveur de la commune de Miraumont, car il ne s'agissait de biens de maladreries et léproseries dont le souverain ou ses prédécesseurs ayant été ou soient présumés les seuls fondateurs, il a pu rendre une décision favorable à la commune de Miraumont sans porter atteinte à aucun acte qui eut confirmé précédemment une ancienne dotation comprenant les biens réunis, comme il l'a fait en 1807 en ce qui concerne les hospices d'Arras, il n'existait aucun acte confirmatif entre la commune d'Albert et celle de Miraumont semblable à celui qui eut lieu entre l'hôpital d'Arras et la commune de Bucquoy, le 19 juillet 1700.

Enfin, l'hospice d'Albert n'avait joui que temporairement et comme communiste des biens appartenant à Miraumont ; l'hospice d'Arras possède les terres situées à Bucquoy, à titre de propriétaire, et depuis un temps plus que suffisant, à prescription.

Telles sont, M. le préfet, les observations que nous croyons devoir vous soumettre, nous avons la confiance qu'elles seront appréciées par le bureau de bienfaisance de Bucquoy ; dans le cas contraire, nous n'hésiterions pas à vous demander l'autorisation nécessaire pour faire reconnaître par les tribunaux la légitimité de notre propriété et de notre possession.

Nous avons l'honneur d'être avec respect,

Monsieur le Préfet,

Vos très humbles et très obéissants serviteurs,

Gamot, A. Roguin, Develle,

Ch. Wartelle, Toursel.

*Réplique à la réponse précédente, datée du 4 janvier 1838 et présentée
à la préfecture le 7 du même mois.*

LES MEMBRES DU BUREAU DE BIENFAISANCE DE BUCQUOY,

A Monsieur NAU DE CHAMPLOUIS, *Conseiller-d'Etat, préfet du départe-
ment du Pas-de-Calais, à Arras.*

MONSIEUR,

Ainsi que vous nous le promîtes par votre honorable lettre de
septembre 1837, nous reçûmes, le 27 octobre suivant, la réponse de
messieurs les administrateurs des hospices civils d'Arras, à la demande que nous leur faisons, tendante à rentrer dans la possession
des biens de notre maladrerie, réunis aux hôpitaux d'Arras, par un
arrêt du 20 juin 1698.

C'est bien avec raison que ces messieurs disent que *nous n'avons
été amenés à faire cette réclamation, qu'à cause de la décision toute ré-
cente prise par le gouvernement en faveur de Miraumont contre l'hôpital
d'Albert;* mais aussi c'est bien à tort qu'ils disent ne pas trouver
de similitude entre cette affaire et la nôtre. Il suffit seulement de
savoir lire et comparer.

Monsieur le préfet, pour vous mettre à même d'en bien juger,
nous nous sommes procuré tous les titres et documents principaux
ayant servi dans cette cause et que nous joignons à cette pièce. Il
vous suffira de les parcourir pour être frappé de sa ressemblance
avec la nôtre. Vous verrez que partout cette similitude niée s'y
décèle, vous y découvrirez que les deux maladreries de Miraumont
et de Bucquoy ont la même origine et les mêmes fondateurs et
que Louis XIV, en ordonnant cette réunion n'eut jamais l'intention
ni la pensée que l'une fut plutôt définitive que l'autre.

Nous ne voyons pas que nos adversaires aient rien de sérieux à
nous opposer. Leur réponse, considérée dans son ensemble, ne paraît offrir qu'un long et incohérent paralogisme. En effet, ils pré-
tendent que par un traité fait en 1700, Bucquoy a cédé et abandonné
définitivement sa propriété de maladrerie aux hôpitaux d'Arras.
Nous savons que ce contrat existe; mais nous savons aussi que par

cet acte, l'hôpital St-Jean-en-Lestrée s'est obligé de verser annuellement dans la caisse des pauvres de Bucquoy, une somme de 500 livres qui n'a été servie que pendant treize années et qui ne le fut plus après 1720. Au surplus, M. le préfet, vous pourrez juger du mérite de ce titre quand vous saurez qu'outre que ses auteurs l'ont rendu nul pour ne l'avoir pas exécuté, il porte encore un cachet de nullité originelle pour avoir été accepté et consenti par des représentants qui n'avaient ni mission ni qualité pour traiter de cet objet alors. Après tout, nous le demandons, quand même cette pièce validerait encore, quoi mieux qu'elle peut justifier notre réclamation aujourd'hui !

Monsieur le préfet, tout nous porte à croire que notre demande repose sur des droits positifs et incontestables, nous nous plaisons à espérer que vous les trouverez tels si, pour les examiner, vous usez, comme nous n'en doutons pas, de cette sagesse et impartialité si ostensiblement répandues dans tous les actes de votre administration; c'est pourquoi nous allons attendre votre décision dans le calme et le respect. Veuillez, agréant l'hommage de ce sentiment, nous croire avec un dévoûment inaltérable,

MONSIEUR LE PRÉFET,

Vos très humbles et obéissants serviteurs,

(Suivent les signatures.)

Pour copie conforme :

Le Maire de Bucquoy,

LEFRAN.